우리 마주보고 웃자

눈꽃 김순희 시집

우리 마주보고 웃자

그림시집 ❷

눈꽃 김순희

문학수첩

시인의 말

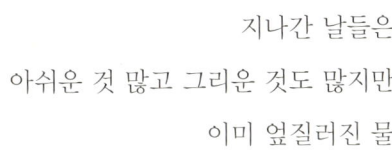

지나간 날들은
아쉬운 것 많고 그리운 것도 많지만
이미 엎질러진 물

잔에 남은 물의 높이를 애써 보지 않으려 한다

세월은 가는 것
여울과 같아서 아득한 나라로 흐르고야 마는 것
남아있는 나날을 두 팔 활짝 벌리고 껴안는다

지나간 날들의 아쉬운 것, 그리운 것들보다
더 아름다운 음악에 맞춰 생을 노래하리

당신과 함께 찬란히 동트는 날들을 맞으리

2018년 금혼식에 부쳐
눈꽃 김순희

차례

우리 마주보고 웃자

제1부

넓은 품은 평안하고 • 14 / 접시꽃 • 16 / 봄 발자국 소리 • 18 / 밤꽃 • 20 / 7월에 • 22 / 능소화 • 24 / 장미 • 26 / 아침 이슬 • 28 / 아침 • 30 / 까치 한 마리 • 32 / 커피 향 • 34 / 햇살 한 줌 • 36 / 시계 초침은 돌고 • 38 / 마음의 한 노래 • 40 / 나의 가을노래는 • 42 / 배롱나무 • 44 / 그림 꽃 • 46 / 흐르는 강 • 48

제2부

분홍 카드 • 52 / 미세먼지 • 54 / 아침 커피 향 • 56 / 조약돌 • 58 / 긴 머리 • 60 / 오 내니 보이 • 62 / 사랑 • 64 / 달맞이꽃 • 66 / 설레는 밤 • 68 / 너는 어디서 • 70 / 당신은 모르시나요 • 72 / 만약 내가 붓이었다면 • 74 / 하늘은 푸르고 • 76 / 모닥불 • 78 / 해질녘 소묘 • 80 / 억새와 바람 • 82 / 시월 아침 • 84 / 이천 옛길 • 86 / 불 꺼진 창 • 88

제3부

가을비 • 92 / 블루 데이 • 94 / 마천루의 항공등대 • 96 / 밤비 내리고 • 98 / 저녁에 내리는 눈 • 100 / 바람의 노래 • 102 / 엄마의 국 • 104 / 큰가시고기 삶 • 106 / 정 • 108 / 낮달 • 110 / 착각 속 행복 • 112 / 우리 마주보고 웃자 • 114 / 말하지 않은 말 • 116 / 눈 • 118 / 웃어주었지요 • 120 / 말 한마디 • 122 / 사이판의 황혼 • 124 / 고장 난 계절 • 126

제4부

화가 친구 • 130 / 파도의 꿈 • 132 / 해 지는 바닷가 • 134 / 나무꾼과 꽃순이 이야기 • 136 / 당신의 사랑 • 138 / 휘파람을 불어요 • 140 / 너 잠들었니? • 142 / 당신 • 144 / 비 내리는 아침 • 146 / 봄은 어디쯤에서 • 148 / 시 한 구절 • 150 / 동짓날 • 152 / 살가운 문병 • 154 / 손 안에 든 효자 • 156 / 오늘은 선물 • 158 / 여행 전날 • 160 / 산비둘기 • 162 / 세월의 손톱 • 164

제5부

호박꽃 • 168 / 심장이 얼마나 쿵쿵 뛸까? • 170 / 해바라기 • 172 / 점 하나 • 174 / 달 밝은 날 • 176 / 커피자판기 • 178 / 눈꽃에게 • 180 / 눈 내리는 날 • 182 / 너를 처음 보았을 때 • 184 / 문안 • 186 / 나의 피신처 • 188 / 우리 예지 • 190 / 계곡 물소리 • 192 / 높고도 밝은 눈 • 194 / 천천히 살라며 • 196 / 해피데이 • 198 / 아버지의 풍경 • 200 / 가자미 • 202 / 부활의 아침에 • 204 / 너를 찾아 가는 길 • 206 / 남아있는 나날을 위하여 • 208 / 오월 • 210

제 1 부

넓은 품은 평안하고

넓은 품은 평안하고
깊은 눈은 한없이 그윽하여
당신을 일생의 광명光明으로
가슴에 받습니다

안길수록 훈훈하고
볼수록 다정하여
여기까지 함께해온 날들을
찬양합니다, 즐거운 리듬에 맞춰

굳건히 나를 축복하는 당신
감미로운 사랑이
나와 함께 안식하게 하소서
나 언제나 당신을 갈망합니다

넓은 품은 평안하고
깊은 눈은 한없이 그윽하여

접시꽃

무슨 꽃이 저렇게 뜨거울까
유심히 보는 눈에 불붙일 듯
붉은 접시꽃
목을 빼고
담장보다 높이 피었다

내리쬐는 뙤약볕
휘몰아치는 소나기
사나운 천둥 번개 폭풍우도
저 뜨거움 꺾지 못했구나

꽃송이 송이마다 햇빛 어려
환히 타는 얼굴
세상 고뇌와 무관한 듯
신비를 자아내는 저 광채
그냥 얻은 게 아니구나

스스로 생육하고 번성하여

벌 나비 부르는 꽃 되어

나 오늘 하루

뜨겁게 불붙어도 좋으리

봄 발자국 소리

바깥 유리창에 매달려
흐르지 못하고
내 곁으로 오지도 못하는
눈물 같은 빗방울
창을 흔들고 지나가는 바람에
그만 힘없이 떨어지네요

저기
창밖 골목에 점점 멀어져가는
우산 속 연인
머리 맞대고
무슨 얘기 저리 많을까요

어쩌면
당신과 나일지 몰라요
우리 젊은 날
벚꽃 길에 두고 온
긴긴 정담의 실타래
오순도순 풀고 있는지 몰라요

비를 따라온
연둣빛 봄 발자국 소리
아련히
들리는 듯해요

밤꽃

6월 양평 산이
온통 밤꽃으로 환하다

긴 간짓대로 밤송이 따주시던
할아버지
지는 해 따라
먼 길 떠나시고

주인 잃은 외양간
비인 여물통
싸리비로 싹싹 쓸어버린 흙바닥
정 잃은 바람만 스산하다

올해도
뒷동산엔
밤송이 수북이 쌓이겠지?

밤꽃 여기저기
할아버지 얼굴이 어른댄다

7월에

뿌연 하늘
수건으로 닦아주고
더위 먹은 꽃들
부채바람으로 식혀줄까

물속에서 나와
번데기의 삶 청산하고
우화羽化한 잠자리들이
벌판에 찾아왔다

한두 마리가 아니다
한 치 앞을 모르는 세상인 듯
이 구석 저 구석 살피는
무인 정찰기

반가움에 다가가자
멀찌감치 날아 가버린다
내 생각과 달리
나를 믿지 않는가 보다

        하기는, 사람도 서로 낯설면
        쉽사리 믿지 않는 법
        우화한 지 얼마 안 된 곤충이
        누굴 믿으랴

        잠자리 떠난 허공에
        비를 머금은 구름이
        후텁지근한 바람을 타고 밀려온다

능소화

이웃집에서 한 뿌리 얻은
어린 능소화

이제 그 능소화 아니네
갓난아기 다루듯 애지중지하였더니
말라 죽은 듯했던 가지에서
싹이 돋고 주황 꽃이 피었다

굵은 회초리 소나기
드센 겨울 눈발도
가슴 속 뜨거운 기다림 있어
너는 참고 견뎠는가

한여름 뙤약볕 아래

그 기다림

그 그리움

곧 끝난다는 소식 있어

활짝활짝 피었는가

바람에

그네 타는

능소화

장미

발치에 소복이 벗어놓은
새빨간 너의 허울
체념인가 회한인가

체념이라면 가슴 아픈 일
회한이라면 더 가슴 아픈 일

아침이슬 반짝이며
와락 안겨들어 좋아했건만
간밤 장대비에
흠씬 매 맞은 꽃 시절
이제 옛일이 되고 말았네

양귀비도

진시황도

인생을 가로지르는

세월의 장대비 맞고

소문만 무성히 남겼지

5월 바람에

아직 설레고 있는

우리 젊은 날의 뜨거운 꿈

체념으로 회한으로

낙화했듯이…

아침이슬

풀잎에 맺힌 이슬
간밤 심술바람 이겨낸
당신의 땀방울이었나요

유난히 맑은 햇빛
기인 기지개는
당신의 따뜻한 날개로
날 곤히 잠재우신 증거

나 오늘도
아무런 걱정 없이
아침 해를 껴안고
우주를 빛내겠어요.

아
침

까치가 날 깨웁니다
교회 종소리 사라졌어도
까치가 돌아왔습니다

반가운 소식 물어왔다고
싱그러운 새벽바람이
하얀 커튼을 흔듭니다

오늘은
은밀한 기쁨으로
하늘을 날 것 같습니다

꽃향기 품은 마음을
까치에게 전합니다
바람에 실어 보냅니다

주님이 주신 생명
언제나
큰사랑 받아야지요

까치 한 마리

4월 아침
까치 한 마리
파릇한 잔디밭에서
무엇인가 쪼아 먹고 있다

까치 때깔이 참 곱다
몸집도 날렵해 보인다
이 며칠 아침
지저귀지도 않으면서 찾아오는
반가운 친구

왜 혼자만 올까
엿새 전
양평산소에서 시안으로 이장한
시아버님 마음 전하러 왔을까

반갑다 말 대신
유심히 쳐다본다
빵부스러기 들고 다가서니
까치는 폴짝 날아가고
빵부스러기 든 손이 미안하다

내일 아침
다시 찾아올까
천지에 햇빛이 쨍하다

커피 향

잘 자고 일어난
상쾌한 아침
햇빛 맑고 바람도 살갑다

친구 마음 곱게 포장한
인도네시아산 다람쥐 응가 커피
코끝에 감기는 향이 독특하다

다람쥐가 좋아하는 커피 열매라니
나도 전생에
커피 좋아하는 다람쥐였을까

예쁜 꽃잔 가득

향긋한 커피 향에 어리는

친구 얼굴로 하루를 연다

햇살 한 줌

5월 중순 오후 6시
병원 뒤뜰 벤치에 앉아
바람을 맞는다

나뭇잎 흔들고 지나는 바람
붙잡아도 빈손이고
하얀 마스크 휠체어 링거 줄
바람이 흔들고 지나간다

하루 일 끝낸 햇살은
슬금슬금 병원 동산 너머로
뒷걸음쳐 가고

과자부스러기 쪼아 먹는
다정한 비둘기 한 쌍
눈길을 붙들고 놓지 않는다

벤치 모서리에 남은
햇살 한 뼘
손바닥으로 가만히 쓸어본다

시계 초침은 돌고

깊은 밤
시계 초침 돌아가는 소리
접시에 사과껍질 쌓이듯
방 안 가득 쌓이고

숭례문 불타던 당시
악마의 혓바닥 불꽃
악몽처럼 되살아난다

세인世人의 가슴 속에서는
아직도 불타고 있는 숭례문

아파도 두려워도
세월은 무심한 듯 흘러가고
영혼 없이 겉만 닮은 형상
600년 묵은 혼령 대신 앉아있다

초침소리 끊어질듯 이어질듯
내 곁에서 밤을 샌다

마음의 한 노래

FM 방송에서
흘러나오는 찬송가
'내 영혼의 그윽이 깊은 데서'

햇살이 따사로운 4월
병중에 계신 어머니께
전화 다이얼을 돌렸었지

어머니 목소리 대신 들려오는
찬송가 소리
'내 영혼의 그윽이 깊은 데서'
나를 적셨네

여섯 남매 시집장가 보내고
폐타이어 되신 어머니

매사에 괜찮다 괜찮다 하셨던
작은 여장부
저 먼 본향에서
아직도 괜찮다고 그러실까

나의 가을노래는

나의 가을노래는
바람 속 갈대 잎
흔들림 속에 있다

깊이를 알 수 없는
가슴 속
저 밑바닥에 있다

갈대와
바람의 입맞춤
사랑의 입맞춤

나의 가을노래는
가을을 빛내는 단풍에 있고
낙엽에 있고

높다랗게 펼쳐진
저 푸른 하늘에 있다
저 뜬구름에 있다

뜬구름 따라 흐르는
마음에도 있다

배롱나무

친구야
나 보고 싶거든
팔월 병산서원으로 오려무나
배롱나무 빨간 꽃이 반색할 테니

우리 우정은
냇물 따라 가는 세월에도
팔월 태양처럼
뜨거울 거야

냇물이 메말라도
마르지 않는 게 우정이라면
배롱나무 꽃보다 더 붉겠지

긴 세월 피고 진
배롱나무 꽃들이
냇물 따라 흘러갔어도
변함없이 붉을 거야

친구야

나 보고 싶거든

배롱나무 꽃그늘에서

편지를 쓰렴

그림 꽃

지난 초여름
징검돌에 누군가 그려놓은
해바라기 노란 꽃

팔월 햇살이
땀 닦아주고
바람도 가만가만 불어가고

빗물에 씻겨나갈까
모래흙에 묻혀버릴까
조바심으로 밤잠 설쳤는데

단풍 낙엽 하나 둘
길 떠나도
활짝 피어있는 꽃

친구 얼굴 같고
편지 같아
차마 밟지 못하고 비껴간다

징검돌 위에 활짝 핀
철 지난 해바라기

흐르는 강

너와 나
사이에
파란 강
하나
흐르고 있다

물푸레나무
한 가지 꺾어
띄워 보내면
언제인가
너에게
닿을 수 있을까?

언제인가
우리
두 손
마주잡을 수 있을까?

강
하나
사이에 두고
강변이 되어버린
우리

제 2 부

분홍 카드

거실 탁자에 환하게 웃고 있는
결혼 50주년 기념
빨간 장미꽃바구니

여보, 사랑해
꽃 속에 숨겨둔 분홍 카드 한 장
남편 얼굴이
싱긋 웃고 있다

사랑하고
사랑하다
성내고
미워하다
서로 측은해하며

나의 소원에
당신이 귀 열고, 당신 소원에
내가 또 귀 열어온
꿈결 같은 50년

한결같이
서로 다른 꿈 없이
함께 손잡고 걸어 온 우리

황혼의 이야기도
빨간 장미꽃 분홍 카드처럼
예쁘게 아름답게 써나가요

미세먼지

봄은 왔는지
꽃은 피었는지

벚꽃구름 가리고 붐비는 미세먼지
너 언제 떠날래?
묻기도 전에
벌써 많은 벚꽃이 졌다

바닥에 쌓인
하얀 벚꽃 잎
아까워 밟지 못하는데
우뚝 선 남산 타워도
미세먼지에 에워싸여
앞이 뿌옇다

내 편 네 편 편싸움
미세먼지
쓸어버릴 바람
언제 올까
언제나 불어올까

아침 커피 향

새끼에게 먹이 물어다주는
긴꼬리딱새 사진
선물해준 당신의
미소도 함께 봅니다

새를 사랑하고
꽃들의 전설
풀들의 숨소리 들려주는,
빨간 우체통 닮은
당신의 미소가 좋습니다

아침 햇살이
하얀 커튼을 밀치고
함께 커피 마시자네요
부드러운 짐리브스 목소리에
달콤한 커피 향 실어 보낼게요

조약돌

살얼음 풀리고
개구리가 겨울잠 깬다는 날
땅속에 반쯤 묻힌
돌멩이 하나 주워왔다

햇살 쬐여주고
빗물도 맞춰주면서
날마다 정성들여 닦아주었더니
반짝이며 밝은 빛을 띠었으나

해가 가고
달이 가면서
작은 돌은
창백해지기 시작했다

창으로 비친 햇살은
온실처럼 갑갑하고
정성들여 닦아주는 손길도
어느 틈엔가 맥 빠졌는지

작은 돌, 작은 돌
날로 강을 그리워하는 것 같아
제자리에 돌려주기로 하였다

서로 사랑하며 부대끼는 거기
찬바람 불고
얼음도 어는 거기가
그의 고향

그를 꼬옥 손에 쥐고
강에 간다
찬바람이 시원하다

긴
머
리

초등학교 시절
긴 머리 하얀 블라우스
담임선생님

긴 머리카락 바람에 날리면
마음은 풍선처럼 부풀고
가슴 쿵쿵 뛰었지

바람소리 새소리
교실 창밖에서 풍금 반주 엿듣는
포플러 잎사귀들은
심호흡하며 햇빛에 반짝였지

흑진주를 담은
두 눈은 부러움이었고
설렘이었어

지금도
그 풍성한 머리카락
바람에 수초처럼 흔들렸으면

웃을 때 하얀 이도 고왔던
선생님
어디서 살고 계실까

오대니 보이

친구 떠난 자리
환한 미소만 남았네

바람 불어오는 쪽으로
마음 연신 쏠리는데

또각또각 발자국 소리 대신
시계 초침 돌아가는 소리

친구야
올 거지? 꼭 올 거지?

마음으로 다짐해도
오 대니 보이 트럼펫 소리만
귀에 가득하구나

사랑

아담과 하와를 내치실 때
하나님은 따뜻이
인간의 할 일을 주셨네

밤에는 별빛으로 인도하시고
아침 오면
해를 보내 살펴주시고
바람 불 땐
따뜻한 동굴을 주셨네

하얀 눈길에 찍힌
발자국 두 가닥
그 분은
나와 함께 동행하셨네

머리 숙여 홀로 울 때
묵묵히 안아주시는
그분이 나와 함께 하심을
뜨거운 눈물 속에 알았네

눈에 안 보여도
귀에 안 들려도
늘 나의 기도 듣고 계시고
손 내밀고 계시리라
나는 믿네!

달맞이꽃

한 평 땅이 생긴다면
달맞이 꽃씨를 뿌리겠어요

보고픈 마음
꼭꼭 눌러두었다
달뜨는 저녁이면 찾아오는,
어머니 닮은 달맞이꽃

훗날
먼 훗날
딸아이가
엄마 그리워할 때
어미 대신 보아달라
달맞이꽃으로 피겠어요

온갖 그리움
다 다녀보았지만
어머니 그리움만한 건 없었어요

한 평 땅이 생기면
어머니 추억과 함께
달맞이 꽃씨를 뿌리겠어요

설레는 밤

가보지 못한 나라 브라질
낯설어 가보고 싶은 아마존 밀림
맛보지 못한 토속음식 에스뻬아
처음 맛보는 혀끝은 어떨까

몸짓 발짓으로 통하는 만국어
피부색 다르고
생김새 다른 사람들
가슴 속 담긴 인심은 어떨까

호기심 가득

커다란 여행가방에 꾹꾹 눌러 담아

재크까지 채웠는데

그믐달 아슴한 밤

저 혼자 깊어가네

너는 어디서

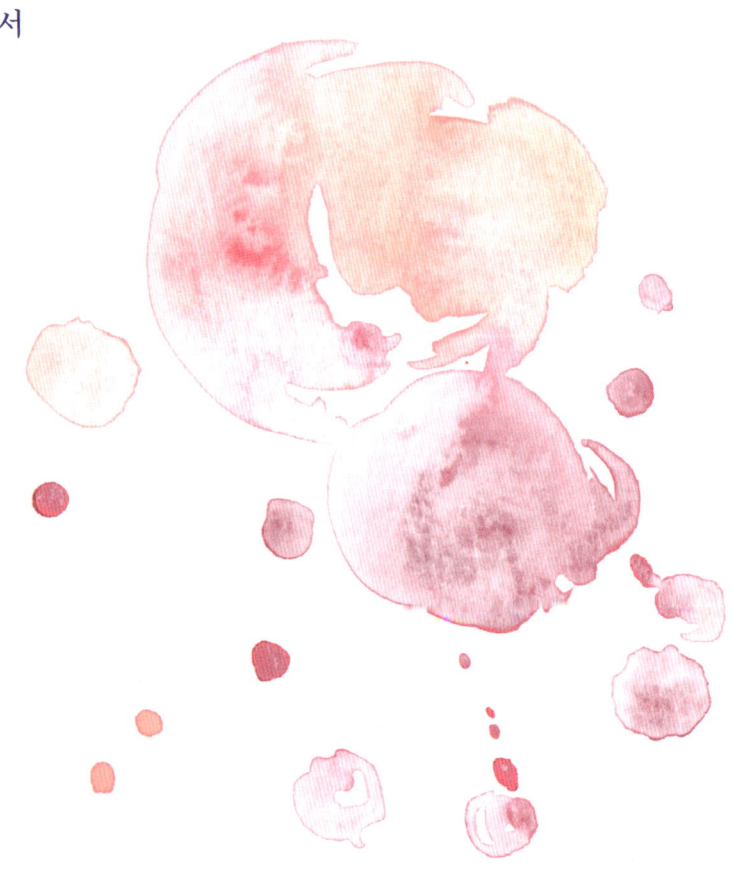

어디쯤 왔을까
오다가 멈칫 돌아서지는 않을까
햇살이 정다워
미소 짓고 노닥거리다
행여 길 잃어버리지는 않을까
남쪽에서 올라온다고
풍문으로 들었는데

전화도 없고
카톡도 안 되고
기다리는 네 발걸음 어찌나 더딘지
백담사 마른 계곡처럼
가슴만 타들고 있구나

봄아
너는 어디쯤 오고 있니?

당신은 모르시나요

혹여 길 잃으셨나요
세상사 몽땅 잊고
발걸음 옮기지 못 하시나요

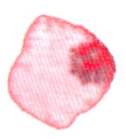

　　　　가까운 곳에서
　　풍문만 무성하게 흐르는데

당신은
기린 목 아시나요
논바닥 거북등처럼 터졌다는
소식은 들으셨나요

기다림에
파뿌리 닮아가는 머리
타들어가는 애간장

정녕
당신은 모르시나요
7월 마른장마님!

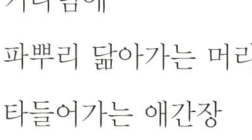
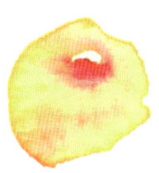

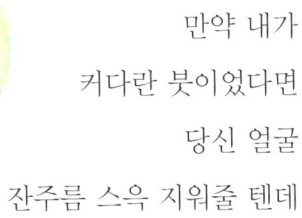

만약 내가
커다란 붓이었다면
당신 얼굴
잔주름 스윽 지워줄 텐데

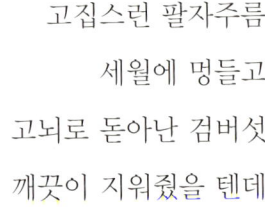

고집스런 팔자주름
세월에 멍들고
고뇌로 돋아난 검버섯
깨끗이 지워줬을 텐데

병들게 했던 쓸개
수술 없이
깨끗이 그려주고

파란 하늘에
당신 이름 적어놓고
바다를 화폭 삼아
당신 모습 신나게 그렸을 텐데

긴 세월 쌓인
은빛머리
이마에 새겨놓은 깊은 정도
그리며…

하늘은 푸르고

반짝이는 11월 햇살이
텅 빈
중학교 교정에 머물러있다

나무들은 단풍들고
바람도 깜빡 잠들었나보다

점심 끝낸 학생들은
곤한 눈빛
선생님 목소리가 자장가로 들릴게다

푸른 하늘
헬리콥터 두 대는
분주히 서쪽으로 날아가고

방화벽 안
환자복에 갇힌 몸은
헬리콥터 따라 날고 싶다

미켈란젤로는
저 푸른 하늘에
무슨 그림을 그렸을까

모닥불

언 강을 끼고 저물어가는
양수리 카페 마당
젊은이들이 피우는
모닥불이 활활 타오른다

젊음이란 영하에도 얼지 않고
뜨거운 불꽃으로 피는 것
나에게도 저런 시절 있었지

붙잡고 싶은 옛일들이
어른어른 눈앞에 머뭇거리다
그믐밤 마음에
첫눈처럼 내린다

향긋한 커피 향 따라
뒷걸음질치고 싶은
카페 마당

두 갈래 땋은 머리
추억 속으로
흰 눈이 쌓인다

해질녘 소묘

강물은 잔잔히
갈대 배웅 받으며 흐르고

희뿌연 하늘 아래
아파트들
딱딱하게 표정 없이 서있다

강변에 둥글게 모여 앉은
물오리 가족
먼 길 떠날 채비 중일까
서로 고개를 주억거리며 서성댄다

저무는 하루가 아쉬운 듯
강물에 잠기는 붉은 해
거미줄이 꽁꽁 묶고 있다

억새와 바람

바람은
억새머리 쓰다듬다
저 앞 솔밭 넘어 숨어버렸네

간밤엔 나랑
억새풀 손잡고
아이들처럼 뱅글뱅글 맴돌았는데

그건 꿈이었어

30년 전
억새풀 사진 속에 웃고 있는
그리운 친구

남편 잃고 아들 따라
이민 떠난 먼 나라에서
억새풀 사진 속
나를 보고 있을까

시월 아침

이슬 머금은 노란 장미

햇빛에 반짝이며

나를 반긴다

어젯밤 갑작스런 찬바람 맞고

발치에 떨어진 꽃잎이

볼수록 덧없고

안쓰럽다

문득

뇌리를 스치는 안녕이란 말

가을 하늘 쳐다보며

세월의 속도를 느낀다

시든 장미 옆가지 쳐주다

가시에 찔린 손이

따끔하다

이천 옛길

비는 열풍을 데리고
산 넘어가고
나무들 잎잎이 단풍물 드는
시월 중순

지난 세월 고스란히
얼굴 주름살에 새긴 채
이천 가는 길은
하루가 다르게 낯설지만

앳된 추억 속
이천 옛길
벚꽃구름 마중하는 그 길은
봄 햇살 가득 흐르네

꾸미지 않아도 아리따운
두 갈래 머리
오늘도 꽃그늘에 자리 펴는
그리운 이천 옛길

불 꺼진 창

아파트 정원을 몇 바퀴 배회하다
너의 집 앞으로 왔어
초인종 누르려다
그냥 돌아섰어

몇 번을 뒤돌아봐도
여전히 불 꺼진 창문

귀엽게 생긴 까만 고양이가
곁으로 다가오기에
말없이 머리를 쓰다듬어주었지

돌아서도 마음이 떠나지 않는
너의 창문
언제쯤 환해질까
풀벌레 울음소리 적적하다

제 3 부

가을비

한가위 둥근 달 이지러지고
허전한 마음 한 귀퉁이
마치 빈 외양간 같다

올 기미 보이지 않았던
쌀쌀한 바람은
낙엽 몇 장 발밑에 던져놓고
종적 없이 가버린다

마른 풀에 듣는
빗방울의 무게 모르는 채
가슴에 추적추적 내리는
비를 맞는다

나비 날갯짓하던
양귀비 꽃잎은
힘없이 눈물처럼 떨어지고

깊어가는 가을 산을 닮았는가
내 생각 점점
단풍들어가네

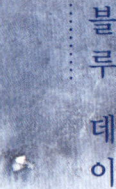

블루 데이

비가 오려는지
눈발이 휘날리려는지

아침 해가
구름에 풀어져
초점을 잃었다

뉴스 방송 내내
음울하게 들리고
소파에 길게 드러누워
카톡 창을 연다

이 녀석
아침은 먹었을까
어제 술 마시고
늦잠 자는 건 아닐까

오늘은
카톡마저
창을 닫았네

다 잊으라는 듯
창밖에 희끗희끗
눈이 날리기 시작한다

마천루의 항공등대

교교한 달빛 아래
장엄한 비석같이 서있는
고층 아파트
하나 둘 불빛 꺼지고
한강마저 어둠에 잠겼는데

상공을 지나가는 것들은
주의하라 주의하라
항공등대 껌벅이며
잠들지 못하는 마천루

높아지고 싶은 인간의 욕망이
불면의 밤 인내하며
저렇게 악착같이 탑을 쌓았는가

어제도
오늘도
밤안개 속에 껌뻑이는
붉은 항공등대

밤비 내리고

밤비가 내린다
찜통더위 한풀 숨죽고
바람이 덜 식은 땀방울을 말려준다

여행길에서 돌아와 누웠는데
철썩거리는 파도소리
갈매기 울음소리
아직 지척에서 들린다

벌써 가을이 오려나
청명한 가을을 데리고 오는 귀뚜라미
창가에 와서 울지만

일출과 낙조의 은유를 깨우치고
살아있는 것이 더없이 즐거운 이 여름
더디 갔으면 좋겠다

어두워진 해운대 모래사장
집시 풍 앳된 남자
홀로 바이올린 켜는 소리
잔잔히 파도처럼 밀려온다

저녁에 내리는 눈

굵은 눈발이
희미한 가로등 불빛에 몰려 허둥댄다

집 문 앞에서
초인종을 누를까 말까
들켜버릴까 말까

귓불이 빨갛게 얼도록
집 앞을 서성댔다는 그이

지겟벌이라도 해서 책임지겠소
언 손으로 힘껏
손목을 끌어 잡는 그이 눈은
어둠 속에서도 불꽃이 일었다

그 불꽃
이제 많이 사위었지만
오늘 같은 눈발 속에서는
뜨겁게 활활 타오른다

바람의 노래

임금님 귀는 당나귀 귀
누구에게도 말 못할
이발사 냉가슴
수레에 실어
갈대숲에 버려줄게

울고 싶을 때
끙끙 속병 앓지 마
윙윙 큰소리 내어
대신 울어줄게

외로이, 홀로일 때
눈 감고 조용히 들어보렴
널 위해 누군가 기도하고 있네
가만히 속삭이는
그분의 음성

엄마의 국

엄마는
멀건 미역국이
제일 맛있다 했다

고기 건더기는 아빠 몫
살코기 붙은 것은 오빠 몫
살점 쬐금 붙은 미역 몇 줄기는 내 몫

엄마는
멀건 미역국물에
듬뿍 밥을 말아 드셨다

        엄마가 좋아하는
        건더기 없는 미역국
        맛있었을까, 정말

큰가시고기 삶

알에서 깨어날 새끼 기다리며
8일 내내 끼니 거르고
잠까지 참아가며
알을 지키는 큰가시고기 아비

비늘이 벗겨지도록
혼신의 힘 다한 뒤
기진한 채 바닥으로 가라앉으면
새끼들 어느새 조물거리며 깨어난다

새끼들의 먹이는 아비의 시체
아비의 마지막 뼈까지 먹고
자란 새끼들은
먼 바다로 나간다

돌아온다는 언약 없이
먼 바다에서
파도의 삶을 사는 새끼들
아비의 삶을 기억이나 할까

큰가시고기의 삶
우리 아버지의 삶과
다르지 않으리

정

울면서 브라질로
이민 떠났던
다섯 살 어린 조카

넉넉한 웃음 띠고
한국 떠날 때 저만한 아들 안고
귀국했다

엄마보다
이모를 더 좋아했던
아들 같은 조카

이모!
그 한마디 부름에
와르르 무너져버린 40년 긴 세월

머리 희끗해진
다섯 살 적
조카가 웃고 서있다

낮달

통일 전망대 오후 6시
구름은 산등성이에 내려 쉬고
바람은 무궁화 가지 끝에서 흔들린다

비행을 멈춘
날개 접은 비행기
옆구리에 669번호 찍은 채
관광거리로 주저앉고

푸르스름한 하늘에 걸린
하얀 반달
너는 보고 있겠지
우리가 갈 수 없는 북녘 땅을!

착각 속 행복

아직도 넌 예뻐
젊어 보여
예전 그대로야!

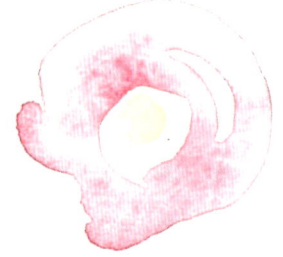

거짓말
거짓말
거짓부렁이지!

하지만
네가 하는 말
진짜로 믿고 싶어

5센티쯤 늘어난 키
십년쯤 젊어진 마음
어깨에 힘 잔뜩 넣고
얼굴에 미소 가득 발랐지

우연히
지하철 유리벽에 나타난
날 보았지
아니, 보였지

엉거주춤 서있는 여자
낯선 모습!

그래도 난
속고 싶었지
유리벽에 얼비치는 여자
내가 아니라고!

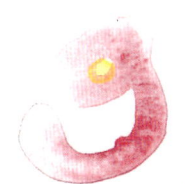
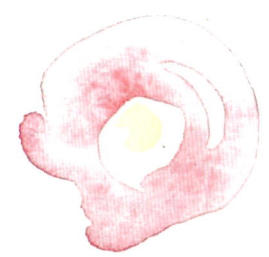

우리 마주보고 웃자

첫 추위 오던 날
정원에 살던
화분 블루베리 두 남매
거실 식구로 들였다

윤기 잃은 잎사귀
하나 둘 떨어지고
말라가는 기색 역력해

쌀뜨물 주고
곁에서 커피 마시며
서로 벗하고 지냈는데

어느새
잎새 푸르러 가고
물오르는 모습
보고 또 보는 날이 왔다

봄이 오면
고맙다 수고했다 칭찬하며
쑥쑥 꽃망울 틔우자
우리 마주보고 웃자

말하지 않은 말

싱그러운 꽃과
향기와
빛깔을 머금은
비밀의 말

뚜껑을 열면
깜짝 놀랄까봐
영원을 꿈꾸듯
꽁꽁 닫아두었어

내 생을 수놓은
당신이 빌면
어쩌면
친근히 들려줄지 몰라

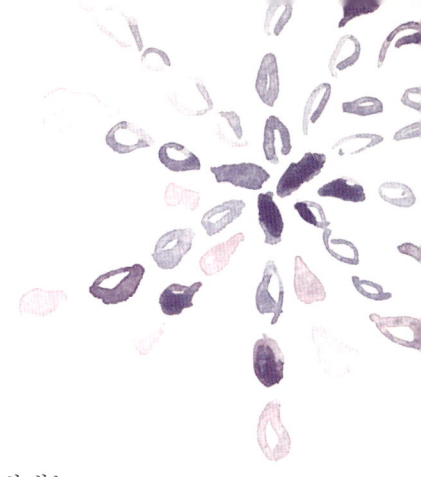

하지만
초저녁 하늘을 빛내는
단 하나
샛별 같은 말

나 아직
가슴 속
깊은 곳에
숨겨두고 싶어

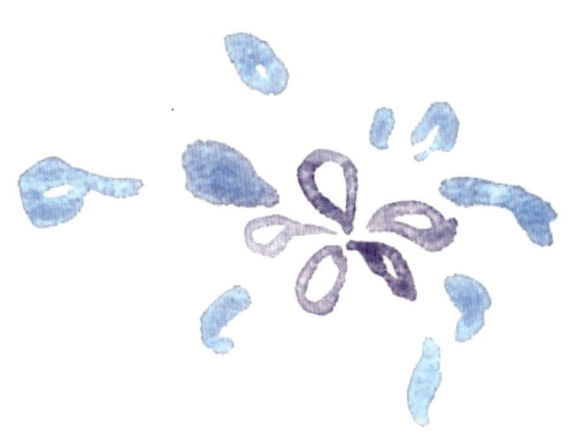

눈

네 눈엔
늪이 있다
깊이를 알 수 없는

봄이 있고
꽃이 있고
노래가 있다
웃음이 있다

내 가슴으로
이어진 늪

나는
그 넓이와
깊이를
몰라도 좋다

네 눈은
언제나
영원을 꿈꾸게 한다

웃어주었지요

물웅덩이 찾아드는
목마른 양떼처럼
접시 들고 길게 줄서서 기다리는
뷔페식당 여섯 시 반

야채샐러드 골라 담느라
제자리걸음하는데
"음식을 예쁘게 담으시네요"
등 뒤에서 들리는
굵은 목소리

서툰 손이 부끄러워

웃고 말았지만

그래도 그렇지

처음 보는 사람한테

그렇게 말하는 건 아니지요?

말 한 마디

자리 비켜드릴까요?
아니. 괜찮아요
부드러운 말은
낯선 사이라도 웃음으로 다가오고

자리 비켜주세요!
여기도 지정좌석 있나요?
가시 돋은 말은
날카로운 눈초리로 되돌아온다

말 한마디가
꽃을 피우고
등불을 꺼트리기도 한다

친구를 얻고
친구를 잃는 말
빛과 열쇠를 간직한 말
심연을 헤매게 하는 말!

사이판의 황혼

노을빛 흥건한 바다와
하늘의
포옹이 뜨겁다

갈매기들
바다와 하늘의 포옹에 놀라
숨었을까
고기잡이배마저 보이지 않는다

어깨를 나란히
해변을 산책하는 노부부
부드러운 바람이
등을 어루만지며 지나가고

웃으며 토닥거리며 걸어온
긴 여정
이젠 찬란하게 빛나는
황혼 닮고 싶어라

고장 난 계절

어제 날씨는 반팔차림
여름인 듯 착각케 하고
시원한 빙수도 어른거리게 하더니

가을비 몰고 온
싸늘한 바람에
웃음기 걷힌 늦깎이 장미꽃
맥없이 고개 떨어뜨리고

헛발질 일기예보
날씨조차 변덕 심한
우리 인간을 닮아가는가

북극 빙하는 녹아내리고
뉴욕은 눈 폭탄에 갇혀 떨고
하늘 끝 모르는 인간의 도전
자연의 콧김에 두 손 들라는 경고인가

햇살 따사로운 안방에
잠든 아가
얼굴이 마냥 평화롭다

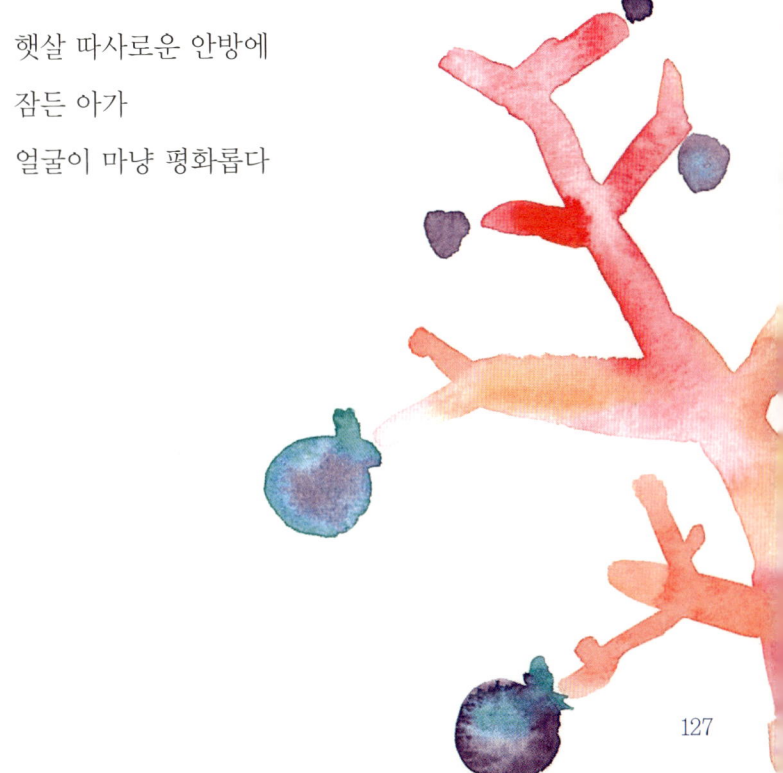

제 **4**부

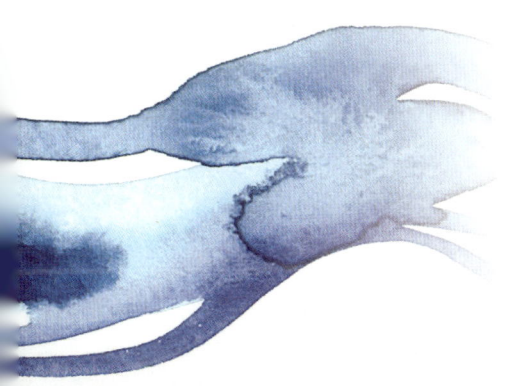

화가 친구

너의 빛과 향기
하늘의 높이를 잊은 꿈
전시장에 남겨놓고
너는 떠나갔구나
끝 모를 너의 세상으로

사방천지 푸르기만 한
봄날의 빛
고스란히 지상에 남겨둔 채
지금은 창천에
무슨 진경珍景 그리고 있니?

여고시절 칠판에
루비 진주 사파이어를 그리던
너는 그때
다정히 미소 지으며
나를 쳐다보았지

욱경아!
전시장에 가득한
미소 짓는 네 얼굴
사랑하며 오래오래
추억에 간직할게

파도의 꿈

파도는 절망을 모른다
흰 갈퀴 휘날리며
뭍으로 뭍으로 달려간다

    거칠 것 없이 당당하게
    갯바위를 때리고
    절벽을 밀어붙이는 욕망

쓰러지면 다시 일어나
호기 있게 소리쳤던
우리 젊은 날에도
꼭 저랬었지

꼭 이루고 싶은 꿈을 향해
파도처럼 굽이쳤지
이루어 가진 것보다
못 가진 것이 더 많지만…

해 지는 바닷가

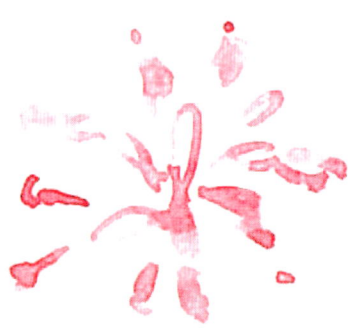

하늘은 어느덧
낙조에 물들고, 고기잡이배들이
자리 뜬 바다
모래밭에 파도만 붐빈다

바다를 향해
하모니카를 분다

'늙은 아비 홀로 두고
영영 어디 갔느냐'
파도에 묻혀버리는 하모니카 소리

나 홀로
어린 클라맨타인이 된다
'나 떠나도 멀리 가도
그대 곁에 있을게요
그대 지켜줄게요'

낙조는 붉게
바다에 잠기고, 파도소리가
남은 노래를 부른다

나무꾼과 꽃순이 이야기

"당신 머리에
꽃씨가 여행을 왔네요"
17년을 함께 살았다는
꽃순이의 웃음기 담긴 목소리

그러고 보니
희끗한 나무꾼 머리에
검불 하나 앉아있다

"남편은 하늘입니다
하지만 가끔씩은 넘보고 싶네요
트집 잡아 티격태격해도
슬며시 손잡아주기를 기다리지요"

가을바람 차가와도
흙집 닮은 나무꾼이 있어
가슴은 늘
따뜻한 햇살이란다

강원도
외진 산속 흙집에
들꽃 향기 가득하다

당신의 사랑

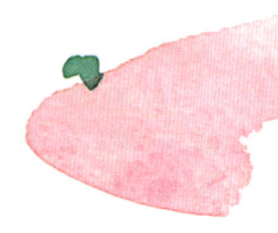

당신의 눈에
사철 푸른 산이 우뚝 서있고
잔물결 짓는 강
하구엔 끝도 보이지 않는 바다
한없이 높은 하늘이 열려있습니다

당신은 진정
점보다 작고 티끌보다 가벼운
나를 세상에서 가장 사랑스럽게
가장 무겁게 담았습니다

강보다
바다보다
하늘보다도
더 깊게 더 높게
나를 소중하게 여기셨습니다

하지만 못난 나
세속의 현란한 빛에 끌려
깜박 당신을 잊었습니다
먼 길 걷다 헤매다
아아, 황혼녘에야 문득
당신 생각을 하고 부끄러웠습니다

나에게 무한정
싱그러운 공기를 불어넣어주신
당신은
언제나 같은 자리에서
날 기다려주셨습니다

나
이제 돌아와
무릎을 꿇었습니다
한없이 평안한 품
당신의
큰 사랑 앞에…

휘파람을 불어요

그대 휘파람소리 들리면
달콤한 꿈속에서도 깨어나
창문을 열게요

넓은 들판
흰 망초 꽃무리와 어울려
감미로이 우리 함께
춤출 수 있게

한여름 땡볕 속이면 어때요
천지를 하얗게 지우는
눈보라 속이면 어때요

그대 휘파람을 불어요
가슴이 울려, 우리 함께
경쾌히 하늘을 누비는
휘파람새로 날아오르게!

너 잠들었니?

밤이 깊었는데
잠은 들었니?

검은 사제 영화를 보고
파랗게 질려 눈물 흘리던
네가 생각나서
잠들 수 없구나

꼬옥 껴안아주기만 했을 뿐
아무것도 할 수 없는
내가 참 한심했어

친구야 오늘밤은
포옥 잠들었으면 좋겠다
밤이 깊었다
널 위해 기도할게

5월

같이 있어도 좋고
멀리 있어도 좋고
생각만 해도 즐거운 사람

초록의 숲을 가꾸고
대기를 온통
라일락 향기로 채우는 당신

진실로
그윽하고 향기로운 당신

비 내리는 아침

대지는 활짝 두 팔 벌려
비를 받고
비는 경쾌히 뜰을 적신다

어젯밤 꿈에
길 잃고 애쓰던 기억
시원한 빗줄기에 씻겨나가고

보일 듯 말 듯 머릿짓 하는
노란 장미꽃
소나무 아래 풀죽어있던
이태리봉숭아
생기 되찾는 기색 역력하다

목마른 여름 잘 이겨냈다고
서로 위로하고
보듬어주는 것 같아,
이만치 떨어져 보는 눈에도
싱싱하게 물이 오른다

대지는 두 팔 벌려
비를 받고
비는 경쾌히 뜰을 걷는 아침

봄은 어디쯤에서

2월 초순 오후
시베리아 찬 공기가 밀려와
한강도 꽁꽁 얼려놓았다

사람들은 목을 움츠려
두툼한 코트 속으로 기어들고
하늘마저 싸늘한 얼굴이다

입춘대길
한강물 풀리듯 만사가 술술 풀리는
황금개띠 해 되었으면

다리 아래 양지에 모인

물오리 가족

햇살 받으며 초조히 봄을 기다리는

저런 초조한 때가

우리에게도

있었지

시 한 구절

보석 같은 시 한 구절 얻기 위해
허드레 헛간 뒤집어놓듯
녹슨 머리 굴려보면
얼마 안 가 엉켜버리는 실타래

앞장 서 안내하던 길잡이
속 터져 내빼버린
미완성 시 한 구절

겹겹 산길
밤새워 넘고 넘어도
끝이 보이지 않는 길은
참 멀기도 하구나

가다보면 나타나겠지
하지만 벌써
먼동이 튼다

동짓날

동짓날은
팥죽 먹는 날

하지만
난
오늘
팥죽 안 먹을 거야

당신이
옆에 없거니와
한 살 더 먹는 게
싫어

이젠
그나마 남은
앳된 모습
잃지 않을 거야

동짓날은
스스로
달이 되는 날

살가운 문병

창가에 사는
바이올렛 여섯 자매의
문병을 받는다

봄꽃 소식
여름 소나기
가을 단풍 이야기로
몸살 난 나를 위로해주는
착한 자매들

일어나세요!
힘내세요!

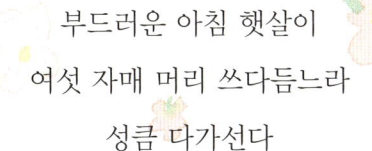

부드러운 아침 햇살이
여섯 자매 머리 쓰다듬느라
성큼 다가선다

손 안에 든 효자

안녕하세요
정다운 아들 목소리 대신
무표정한 문자가
안부를 묻는다

그래, 안녕하다
돋보기 없이도
네 문자는 잘 보인다
하지만
문자는 표정이 없구나

아들아
몸조심하고
어미 걱정하지 말고
사이좋게 살아라

혹여

전화 올까

핸드폰만 만지작거리는 마음

넌 알고 있을까

오늘도

손 안에 꼭 쥐고 있는

온기 없는 효자

오늘은 선물

아침에 눈뜰 수 있어 감사해요
녹내장 오른쪽 눈
먼지 낀 유리창 같이 흐려도
남은 눈으로 환히 보게 해주시고

거울에 비치는 내 얼굴
희미하게 보이다
점점 환하게 비치니 감사해요

갈증을 달래는
냉수 한 모금 마시니
바닷바람 들이마신 듯하고
어깨 저리고 욱신거려도
아프다는 것은 살아있다는 증거지요

창밖에서 들려오는
새들의 지저귐
멀쩡한 귀는 당신의 은총

주님
선물로 주신 오늘
감사히 살겠습니다.

여행 전날

바지 주머니 속 손목시계
부지런히 가고 있는데
허둥지둥 손목시계 찾아 나선
깜빡이는 정신

옷걸이에 매달린 선글라스는
나도 데려가 달라
깜빡깜빡 신호 보내도
눈길 한번 안 주고

여행 떠날 시간은
자꾸만 재촉하는데
마음은 허공에 뜨고
내 시간은 제멋대로 굴러간다

산
비
둘
기

평생을 같이 가자
평생을 함께 살자

심심한 솔밭머리
비탈에 내려앉아 짝을 부르는
산비둘기

노부부도 돌아서면 그만이라는
팍팍한 세태를
언뜻 떠올리는데

    홀연 잊지 않고 찾아오는

    산비둘기 짝을 보니

    내가 더 반갑다

      평생을 함께 살자

      평생을 같이 가자

세월의 손톱

늘 예쁘기만 할 것 같았던
그 여인
만인의 연인
청초한 얼굴에도 어느새
가을이 깃들었네요

믿고 싶지 않지만
세월은 사람 가리지 않고
꼭 찾아가고 마네요
내 얼굴에도 속절없이
가을이 왔어요

어떻게 피하겠어요
보이지 않는
긴 손톱을 가진 세월
넉넉한 마음으로
담담히 받아들일 수밖에!

제 5 부

호박꽃

땅 한 뼘 없어도
눈치코치 보지 않고
발 쭉 뻗고
큰 대자로 누워
오뉴월 개 팔자로 살았다

"호박꽃처럼 생겼다" 놀림은
한갓 우스갯소리
탐스런 노란 꽃은
달밤이 좋았다

초가집 지붕 찬바람 불어도
뚝배기 바글바글 끓는
호박찌개 어머니 손맛
아버지 주름진 얼굴에
호박꽃 환한 웃음이 핀다

심장이 얼마나 쿵쿵 뛸까?

어젯밤 10시30분
상냥하고 다정한 목소리로
여행 티켓 책임져주고
쾌적한 여행 책임진다던
얼굴 없는 티켓 판매녀

식구들 꿈을
몽땅 책임져주겠다던 그녀가
아침과 함께
무거운 여행비 몽땅 들고 잠적했다

"고객의 전원이 꺼져있습니다"
기계음만 되돌아온다
자물쇠로 꽉 잠겨버린 통화음
온통 기대에 부풀었던
빨간 풍선이 터졌다

여행 기대에 붕붕 뜨던
손자 손녀들
포도 알 같은 눈만 껌뻑인다

달콤한 기대를 담보로
무거운 백 들고
잠수한 그녀는
심장이 얼마나 쿵쿵 뛸까?

해바라기

어른 키 훌쩍 넘은
묵정밭 해바라기
까맣게 씨 맺은 머리 숙이고
무슨 생각에 잠겼을까

동네에서 외떨어져
주인마저 버린 밭에
혼자 사느라
몹시 외롭기도 했으련만

캄캄한 밤을 찢는 천둥 번개
사나운 폭풍우 이겨내고
꿋꿋이 해를 좇아
여기까지 왔구나

지나가지 않는 밤 없고
끝나지 않는 가뭄 없듯이
꽃 피고 씨 맺는 일
다 자연의 섭리 아닌가

높은 이상

하늘에 걸어두고

이제는 다음 생 기약하며

다소곳이 고개 숙이는 해바라기

점 하나

누군가 말했지
점 하나 잘못 찍으면
남이 님 되고

손가락 실수로
님이 남 된다고

돋보기 없이
님이라고 쓰다가
놈 되었다고

정성들여
쓰고 보니
웬걸
묵이 되었다고

달 밝은 날

양재천 둘레길
냇물은 잔잔히 달빛에 반짝이고

우리 돌계단에 앉아
의좋게 나눠 먹던 포도
유난히 상큼하고 달았지

사위는 조용하고
우리 노랫소리는
냇물 따라 멀리 흘렀지

너도 지금
저 달 보고 있니?

커피자판기

어스름 슬금슬금 깔리고
나른한 몸
동네 산책 끝내고
집으로 가는 길

편의점 커피자판기가
눈길을 끈다
밀크커피 아메리카노
설탕커피 율무차

누르세요
입맛대로 선택하세요
예쁜 여자 커피마시는 모습
갈증을 부추긴다

깜빡 집에 두고 온 지갑이
아쉽게 생각나는
편의점 모퉁이길
공짜 낙엽들만 바닥에 널렸다

눈꽃에게

모르는 척
모르는 체
지나쳐 가려는데
왜 이다지도
발걸음이 늦어지나요

햇살에 눈꽃송이
눈물처럼
빗물처럼
녹아내리는데

기인 겨울날
나무의 아픔 따뜻이 감싸주었던
그 순정
아름다웠다
말 못했네요

눈 내리는 날

눈이 내린다
벌거숭이 가로수들
미세먼지 덮어쓴 빌딩
아파트 골목에도 찻길에도
눈이 내린다

행인들이 받쳐 든 우산
달리는 차들도
하얗게 겨울옷을 입는다

속병 들었어도
얼렁뚱땅 분칠하고 버티는 세상
그럴싸한 차 몰고
흙탕물 튀기며
달려가기 바쁘다

내리는 눈도 바쁘다
조물주가 하얗게
세상을 분칠하는지
여고시절 긴 머리 선생님께
편지 쓰고 싶은 마음에도
눈이 내린다

너를 처음 보았을 때

너를 처음 보았을 때
예쁜 요정을 만난 줄 알았어
조그마한 얼굴에
하얀 고깔모자
흠뻑 빠져버렸단다

이렇게 예쁜 천사가
나에게 오다니!
소리치고 싶었어
세상에
환희의 별과도 같이!

그날은
내 생애
최고의 날
너무나 행복한 나머지
소리 내어 울고 싶었던 날

20년도 더 흐른
지금까지도!

문안

안녕!
키톡 창 열었는데
웬일?
아무 소리 없네

몸이 아픈가
초저녁인데
벌써 잠들었니?

나처럼

환한 미소

반가운 얼굴

좀 보여줘

보여줄 거지?

나의 피신처

번개가 칩니다
눈앞에서 번쩍 불이 튑니다
천지가 부서지는 소리를 지릅니다
노한 목소리로 꾸짖는 것 같습니다

교만했던
내가
아주 작아져서
숨을 곳을 찾습니다

넉넉한 당신 품
당신 나래만이
나의 피신처입니다

우리 예지

일곱 살 난 예지
우리 집 막내손녀
고 뽀얗고 쪼고만 얼굴에
있을 게 다 있다

포도 알 같이 검고 동그란 눈
오물오물 토끼처럼
잘도 먹는 입
노래도 잘 부른다

고 쪼고만 게
아빠도 이기고 엄마도 이기고
언니도 이겨먹고
할아버지는 꼼짝도 못한다

고 쪼고만 게
우리 집 총대장이다
하루만 안 봐도
보고 싶다고 안달이다

계곡 물소리

미닫이 창호지문 열고
온몸으로 듣는
계곡 물소리
곤히 잠든 밤을 흔들어 깨운다

한번 흘러가면 그만일 것인데
무슨 풀지 못한 원이 있어
저리 잠 못 들어 할까

마지막 가닿는 곳 몰라도
낯선 곳 어디로든
가자, 가자
꼭 저리 떠나야만 할까

계곡을 울리는
하염없는 탄주
밤새도록 나를 데리고 흘러간다

높고도 밝은 눈

한강은 깊은 어둠 속에 잠기고
전조등 켠 차량들
꼬리 물고
하나같이 서둘러 달려간다

아, 저기
높다란 망루의 불빛
빤히 나를 내려다본다

망루 위에는
더 크고 밝은 보름달
보름달 위에는
사랑하는 주님

내 생각의 책장들을
주님은
낱낱이 읽고 계시리

천천히 살라며

가로수 잎들 한결 푸르러
바람에 설렁이는데
철쭉은 아깝게도 벌써 져버렸다
참 성급하기도 하지

그런데 어쩌면 나
아름다운 철쭉의 시간
너무 빨리
잊어버리지 않았을까

어제인 줄 생각하고 돌아보면
한 달 전이고
나의 시간도
그렇게 훌쩍 가버렸다

봄비가
천천히 생각하고 살라며
쉬엄쉬엄 내린다

해피데이

만날 때마다
꽃봉오리 하나씩 터트리는 친구

내가 안부 묻기 전에
먼저 전화하고

늘 웃는 얼굴로 찾아와
다정히 팔짱끼는 친구

오늘은 9월 1일
너를 만나는 날

어떤 꽃봉오리 터트려줄지
사뭇 기대되는 해피데이!

아버지의 풍경

추수 끝난 들판에
풀 뜯는 누렁소
눈망울 껌벅거리며 되새김질하고

남은 비행길
마저 날아다니는 잠자리 몇 마리
앉을 데 찾느라
망초 꽃대 기웃거리고

둔덕 나무 그늘에 앉아
한가히 잎담배 피우시는
아버지
등이 많이 굽으셨네

되새김질하는 누렁소
잎담배 연기 속에
늦은 해도 되새김질하듯
느릿느릿 지고 있다

가
자
미

동생이 어머니 생각나서 보냈다는
속초바다 가자미
쨍한 봄볕에
내다 말리는 날

    빨랫줄에 걸린 가자미는
    긴 침묵에 잠기는데
    비릿한 갯냄새에
    날파리들은 분주한 잔칫날

가자미식혜 담가주시던
어머니 마음이
가자미와 함께 흔들거리는 시간

    비구름 한 조각없건만
    두 눈에 잔잔한
    빗방울이 맺힌다

너를 찾아가는 길

오늘이 가장 추운 날이라고
일기예보는 겁을 주고
발걸음을 꽁꽁 묶어놓는다

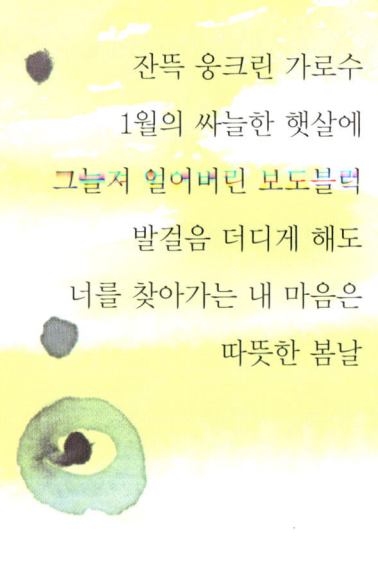

잔뜩 웅크린 가로수
1월의 싸늘한 햇살에
그늘져 얼어버린 보도블럭
발걸음 더디게 해도
너를 찾아가는 내 마음은
따뜻한 봄날

한남대교 아래
강물이 용케도 얼지 않고 흐르듯
추위타지 않고
훈풍 부는 가슴

벌써 멧새 지저귀는 소리
들리는 듯하다

부활의 아침에

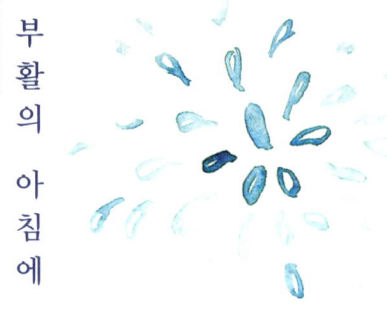

똑, 똑, 똑
누가 찾아왔을까

문 두드리는 소리에
다시 뛰는
심장 박동 소리를 듣는다

깨어 일어나라
푸른 잎은
부드러운 음성을 붙들고
마른 가지에서 기지개로 깨어난다

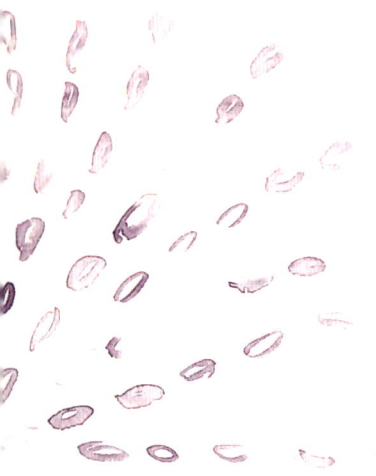

똑, 똑, 똑
죽음의 어둔 밤 이기고
승리의 예수님이
새벽빛으로 찾아와
내 마음의 문 두드리는 소리

새 생명으로 다시 피어나는
십자가 사랑
푸른 교향곡!

남아 있는 나날을 위하여

지나간 날들은
아쉬운 것 많고
그리운 것도 많지만
이미 엎질러진 물

잔에 남은 물의 높이를
애써 보지 않으려 한다

세월은 가는 것
여울과 같아서
아득한 나라로 흐르고야 마는 것

남아있는 나날을
두 팔 활짝 벌리고 껴안는다

지나간 날들의
아쉬운 것, 그리운 것들보다
더 아름다운 음악에 맞춰
생을 노래하리

당신과 함께
찬란히 동트는 날들을 맞으리

당신

산의 전설
바람의 전설
나무들의 전설
고스란히 간직한 채 우뚝 선 바위

코스모스 같은 나의
뜨거운 믿음과 사랑을
한 몸에 받는 당신

우리 마주보고 웃자
ⓒ 김순희 2018

초판 1쇄 인쇄 2018년 8월 2일
초판 1쇄 발행 2018년 8월 8일

지은이 | 김순희
발행인 | 강봉자·김은경

펴낸곳 | ㈜문학수첩
주   소 | 경기도 파주시 회동길 192(문발동 513-10) 출판문화단지
전   화 | 031-955-4445(대표번호), 4453(편집부)
팩   스 | 031-955-4455
등   록 | 1991년 11월 27일 제16-482호

디자인·제작 | (주)지엔피링크

홈페이지 | www.moonhak.co.kr
블로그 | blog.naver.com/moonhak91
이메일 | moonhak@moonhak.co.kr

ISBN | 978-89-8392-713-2 03810

이 도서의 국립중앙도서관 출판예정도서목록(CIP)은 서지정보유통지원시스템
홈페이지(http://seoji.nl.go.kr)와 국가자료공동목록시스템(http://www.nl.go.kr/
kolisnet)에서 이용하실 수 있습니다.(CIP제어번호: CIP2018023420)

* 파본은 구매처에서 바꾸어 드립니다.